AF224479

# COMMÉMORATION FUNÈBRE

CÉLÉBRÉE PAR

LA RESP∴, ☐ DES VRAIS AMIS DE L'ORDRE,

A L'ORIENT D'AVIZE,

Le 10e jour du 12e M∴ de l'an de la V∴ L∴ 5844,

EN MÉMOIRE

du T∴ C∴ et T∴ V∴ F∴ HOUZEAU-MUIRON.

A L'ORIENT D'AVIZE. — 5844.

# A LA GL.'. DU G.'. ARCH.'. DE L'UN.'.,

SOUS LES AUSPICES DU G.'. O.'. DE FRANCE.

« Cejourd'hui 10e jour du 12e mois de l'an de la V.'. L.'. 5844 (10 février 1845).

La R.'. L.'. Saint-Jean des Vrais Amis de l'Ordre, régulièrement constituée à l'O.'. d'Avize, convoquée et assemblée en tenue ordinaire, entre l'équerre et le compas, dans un lieu très-saint, très-fort et très-éclairé, asile du silence, de la paix et de la charité, a ouvert ses trav.'. par le T.'. C.'. F.'. LECUREUX, vénér.'., assisté des FF.'. César SOULÈS et OUDIN, 1er et 2e surv.'.

Les FF.'. RAUX et GODINOT étant au banc de l'o.'.

Le F.'. BRAMBACH tenant le pinceau.

1

Présents sur les colonnes les FF.·. de Freytag, Lefournier, Ducognon, Gondrecourt, Vincent-Lafont, Lecomte, Vincent-de-Villers, Koenen, Jordis, Fierfort, Muller, Wagner, Obez, Fiévet et Plankaerts.

L'at.·. procède à la lecture de la pl.·. tracée des derniers trav.·., de la correspondance et d'un rapport du conseil d'admin.·.

Ces trav.·. ordin.·. étant épuisés, le vénér.·. annonce que la cérémonie funèbre, en l'honneur du F.·. **Houzeau-Muiron**, va commencer.

Le temple offre l'aspect le plus imposant, le plus lugubre, des tentures noires le couvrent entièrement. Sur la colonne du midi se trouve le médaillon qui rappelle la synthèse maç.·.: *«Dieu, Humanité, Patrie.»* Sur la colonne du nord le médaillon qui trace les principes pratiques: *«Amitié, Fraternité, Bienfaisance.»*

Au centre du temple est le catafalque surmonté de l'urne funéraire, décorée du cordon de M.·., emblème de la véritable maçonnerie; on voit briller sur le catafalque l'étoile d'honneur, si noblement gagnée par le F.·. Houzeau, et au-dessous les mémorables paroles prononcées lors de la cérémonie profane par le F.·. Maldan: *sa force était dans son honnêteté.*

Tout cet ensemble de deuil prouve que si l'at.·. des Vrais Amis de l'Ordre rend hommage à un homme, c'est que cet homme a été l'agent le plus actif et le propagateur le plus zélé des principes synthétiquement rappelés dans la décoration du temple.

On frappe à la porte du temple; le F.˙. couvreur annonce dans la salle des pas perdus la députation de notre T.˙. C.˙. S.˙. de la Sincérité, O.˙. de Reims, composée des FF.˙. Maldan, vénér.˙., David, O.˙., Doyen, Aronsohn, Lemaitre, Walter et Cordier, venus pour assister à la cérémonie funèbre.

Le F.˙. Jasmin, visit.˙. de la R.˙. L.˙. de Nantes, accompagne cette députation.

Le vénér.˙. ordonne que les portes du t.˙. soient ouvertes; la députation étant introduite, tous les FF.˙. debout et à l'ordre, le vénér.˙. prend la parole en ces termes :

« Mes FF.˙., le triste devoir que nous allons remplir
» interdit toute démonstration quelconque, soit de
» remercîment, soit d'honneur à rendre aux députations.

» Cependant, je ne crois pas déroger à la sévérité
» du deuil qui nous afflige, T.˙. C.˙. FF.˙. de Reims,
» et vous, F.˙. visit.˙., en vous exprimant, au nom
» des Vrais Amis de l'Ordre, la satisfaction que lui
» donne votre présence.

» La L.˙. des Vrais Amis de l'Ordre accomplit
» en ce jour un pieux devoir.

» En rendant ce dernier hommage à notre bien-
» aimé F.˙. Houzeau, l'at.˙. prouve qu'il a compris

» la perte immense que la maçonnerie, que la France
» et que notre pauvre Champagne ont faite.

» Vous le connaissiez tous, vous, mes FF∴, qui
» m'écoutez, vous savez avec quelle bonté cet homme
» de bien pratiquait les vertus maçonniques, et avec
» quelle modestie il pratiquait les vertus publiques.

» Que nos voix s'élèvent pour rappeler ses vertus
» et honorer sa mémoire.

» La vie publique de Houzeau est connue, homme
» de bien, grand par la science et fort surtout par son
» honnêteté.

» Quelle noble vie que la vie de ce généreux
» citoyen qui, sorti d'une condition médiocre, sans
» fortune, sans protection, au milieu des circonstances
» les plus difficiles, s'est élevé seul et sans avoir
» jamais fait une concession au génie du mal, à la
» plus juste popularité. Nul n'a laissé une mémoire
» plus vénérée que la sienne.

» Oui, mes FF∴, citons avec orgueil le nom de
» Houzeau qui fut un bienfaiteur de l'humanité par
» d'utiles découvertes, un savant par son travail et
» son génie !

» Pourquoi faut-il qu'un si bel ensemble de vertus
» et d'intelligence se soit aussitôt brisé ! Pourquoi
» faut-il que, victime de sa tenacité, Houzeau n'ait
» pas voulu écouter les conseils réitérés de ses amis !!!
» Ainsi périssent d'ordinaire les illustres enfants du
» peuple, il n'y a pas de vieillesse pour eux; le

» travail et les amertumes de la vie publique les
» tuent de bonne heure.

    » Mais heureusement qu'ils vivent encore après
» qu'ils ne sont plus, ces hommes privilégiés de
» l'intelligence et de la vertu. Non ! leur âme ne se
» départ point de ce monde, elle y reste pour y
» féconder de grandes actions et de généreux sacrifices.

    » Mes FF.·., que l'exemple de HOUZEAU nous reste ;
» travaillons, rendons-nous dignes comme lui de la
» grande famille, pratiquons, comme lui, les dogmes
» de la maçonnerie : *Egalité, Fraternité.*

    Le vénér.·. termine son allocution en priant tous
les FF.·. de se réunir à lui pour rendre le premier
tribut de deuil à la mémoire de notre bien-aimé F.·.
HOUZEAU.

    A cet effet, une première batterie de deuil est tirée.
La parole est donnée au F.·. RAUX, orateur, qui
s'exprime en ces termes :

## T.·. C.·. FF.·.,

La mort est toujours une chose cruelle.
Quand un des nôtres franchit le seuil de l'Eternité,
malgré tous les raisonnements de la philosophie, nous
ne pouvons retenir nos larmes.
Ce moment suprême où l'âme abandonne sa dépouille
mortelle pour remonter à Dieu, est plein d'anxiété et
de mystérieuses terreurs.
Nos regrets sont justes et légitimes, car l'homme faible
ne peut lever le voile épais qui couvre l'avenir, et les

consolations comme les espérances de la foi n'ont point assez d'empire sur nous pour tarir nos larmes, quand il nous faut rendre à la terre l'enveloppe d'argile de ceux que nous avons aimés.

Mais s'il arrive que celui que nous perdons était non-seulement un père, un ami, un époux aimé et estimé ; quand c'était un grand citoyen dont les vertus honoraient l'humanité et dont les lumières étaient nécessaires à la patrie, les regrets de l'adieu funèbre prennent un caractère plus lugubre ; car alors nous souffrons doublement : par le cœur et par l'esprit.

Et si à toutes ces causes de deuil il vient encore s'en joindre une autre, non moins sérieuse, non moins grande, celle qui résulte de cette affection étroite qui lie entr'eux les membres d'une même société, alors vous comprendrez que la douleur n'aura point de bornes.

Tels sont les sentiments que nous a faits éprouver la mort de notre cher F∴ Houzeau. Tels sont les regrets éternels que sa perte a causés parmi nous.

Ces regrets sont si légitimes, si profonds, si sérieux, que je crains, mes FF∴, d'être un très-mauvais interprète de leur vivacité.

Il semble que pour parler des hommes de cette valeur, pour apprécier comme il conviendrait leur mérite, il faudrait être comme eux éminemment doué.

Cependant, mes FF∴, nous voyons qu'il en est souvent autrement. La nature est avare de ses dons et n'accorde que rarement cette réunion précieuse de belles qualités qui fait les hommes supérieurs.

Quant à moi je sens parfaitement toute mon insuffisance, mais je suis sûr de me faire écouter favorablement en parlant des vertus de Houzeau : je me couvrirai de ce manteau sacré, et la faiblesse de l'orateur disparaîtra sous ces nobles draperies.

Mes FF∴, on a déjà beaucoup dit sur le digne F∴

que nous avons perdu , mais le sujet est loin d'être épuisé. Les hommes comme lui ont cela de particulier, que leur vie aussi bien que leur mort sont de vastes, d'inépuisables sujets d'étude.

Utiles aux hommes pendant leur vie, par leur activité, leur dévouement, leurs lumières, leur salutaire influence s'étend encore au-delà du tombeau , car leur perfection est le noble but auquel aspirent ceux qui sentent battre dans leur poitrine un cœur généreux ; ceux qui ne sont pas exclusivement dévoués au culte matériel et grossier du veau-d'or et des jouissances purement terrestres ; ceux qui cultivent l'essence spirituelle et divine que le créateur a mise en nous, cette âme immortelle par laquelle nous nous élevons jusqu'à lui sur l'aile de la pensée.

Je dirai peu de choses , mes FF.·., des particularités qui se rattachent à la vie de celui que nous pleurons.

Vous savez tous qu'il n'a dû son élévation et sa fortune qu'à son intelligence et à son travail ; et que ce député consciencieux et éloquent qui a laissé un vide non encore comblé dans les rangs parlementaires ; ce Maç.·. fervent et dévoué, qui jetait sur notre ordre un si vif éclat, était le fils d'un boulanger.

Ce simple rapprochement n'en dit-il pas assez ? Ne voyez-vous pas d'un trait une vive intelligence luttant avec énergie contre l'obscurité de la naissance et le manque de fortune ? Ne sentez-vous pas quels efforts héroïques il a fallu à cet homme pour vaincre les obstacles qui s'opposaient à sa vocation, et pour arriver à la place qui lui était due ?

Ce n'est point par un chemin de roses que l'on arrive de si bas à la célébrité et à la fortune.

Et quand la route que l'on a suivie est honorable et digne, c'est là, n'en doutez pas, le certificat le plus authentique d'une vie noblement remplie.

La vocation d'Houzeau pour les sciences se déclara de

bonne heure ; aussi s'attacha-t-il médiocrement à cette partie des études qu'on a appelées *les humanités.*

Les guerres de Darius et d'Alexandre, les querelles de César et de Pompée, les amours d'Enée et de Didon, toutes ces vieilleries classiques touchaient peu un esprit aussi sérieux, aussi réfléchi que le sien.

Dès son début dans la carrière des études, il abandonna la stérile antiquité pour passer dans le camp moderne.

Il laissa Homère et Platon pour étudier Laplace et Thénard. Il sacrifia la Poésie à la science, la Philosophie à l'industrie, et de ce noble sacrifice sont sorties les découvertes si utiles et si pleines d'avenir dont il a doté le pays.

Il comprit bien vite que nous ne sommes plus un peuple de *poètes* et de *rêveurs*, mais une société de *travailleurs;* qu'un homme de notre temps n'a pas le droit de dépenser son esprit et sa force en futiles rêveries, en harmonieuses niaiseries, mais qu'il en doit compte à ses frères, et qu'il faut que chacun de nous apporte sa pierre à la construction de l'édifice.

Son choix fait, il poursuivit sa route avec une ardeur et un courage qu'on ne saurait assez louer, et qu'il faut sans cesse mettre devant les yeux de ceux qui veulent arriver.

Tant d'efforts avaient été couronnés du plus brillant succès ; hélas ! pourquoi faut-il que l'évènement funeste soit venu arrêter ce digne frère au milieu de sa belle carrière.

Il n'y a pas de poste si important qu'il soit, dans notre régime parlementaire, auquel il ne put prétendre, et il était à la hauteur des emplois les plus éminents.

Cela tenait, je le répète, à la manière dont il avait dirigé ses études vers un but tout actuel, tout pratique, étant avant tout de son époque.

Mes FF.·., je vous demanderai la permission de

reproduire à ce sujet quelques réflexions que j'ai déjà faites dans une autre enceinte.

Je crois que cette prédilection de Houzeau pour ces études scientifiques et usuelles a une grande signification, et qu'il serait bien temps de sortir de la voie routinière dans laquelle se traîne l'éducation. Athènes, Rome, ces deux brillantes manifestations des civilisations éteintes sont bien vieilles aujourd'hui, et l'étude de leurs écrivains devient de plus en plus stérile.

L'esprit qui y règne n'est plus en harmonie avec les croyances des tems modernes. Leur religion toute sensuelle, toute charnelle, n'a rien de commun avec la nôtre, essentiellement spirituelle. Entre Jupiter et Jésus-Christ, il y a un abîme.

Leur liberté, non plus, n'est point la nôtre. Quel rapport peut-il y avoir entre une liberté qui consacrait l'esclavage, qui posait la guerre et la violence en principe, et celle que nous aimons, que nous pratiquons, fille sublime de l'Evangile et de la Révolution française.

Non, entre l'antiquité et nous il n'y a plus rien de commun, — il y a toute la distance des siècles qui nous ont séparés.

Pourquoi donc irions-nous éternellement puiser à cette source étrangère des idées qui ne sont plus les nôtres et qui ne peuvent que retarder les progrès de l'esprit humain ?

N'est-il pas temps enfin de secouer au vent toute cette poussière antique et d'entrer franchement, légalement dans l'esprit des tems modernes ? Ne verrons-nous donc jamais s'élever un grand Institut national dirigé par cet esprit vivifiant et où la jeunesse tout entière, sans distinctions de rangs, de fortune, d'opinions, puisse recevoir un enseignement fort, varié, et dirigé principalement vers les besoins de l'époque actuelle ?

Un enseignement fécond où l'on nous forme des hommes de cœur, des citoyens dévoués, au lieu de ces beaux esprits de collège tout farcis de grec et de latin et ignorant leur propre histoire , aussi bien que le mouvement du siècle ;

Un enseignement religieux qui crée des hommes de conviction et de dévouement, véritables disciples du Christ , dignes par leurs vertus et leurs exemples de servir d'intermédiaires entre la terre et le ciel , et non des fanatiques rétrogrades, ultramontains et ignorants, ennemis déclarés du génie de la France et de nos institutions , et séïdes aveugles d'un prince étranger.

Voilà véritablement le remède à tous nos maux , voilà ce qui en peu de tems porterait les fruits les plus salutaires. Tandis que si l'éducation publique reste dans l'état où elle est aujourd'hui , nous en avons encore pour des siècles à voir se perpétuer les rivalités déplorables qui existent entre nos différentes sectes religieuses et politiques. L'unité, l'uniformité dans l'éducation publique peuvent seules faire disparaître toutes nos dissensions qui , au fond , sont peu de chose.

Mais , hélas ! nous nous cramponnons à nos erreurs avec le saint respect qui s'attache aux croyances du jeune âge ; nous les avons sucées avec le lait; c'est entre deux baisers que notre mère nous les a inoculées. Comment ne pas les prendre pour la vérité ! et comment ne pas éprouver des déchirements cruels, quand plus tard, lorsque sonne l'heure de la philosophie et de la vérité , il faut se séparer de ce cher bagage , tout imprégné encore des larmes maternelles.

Combien alors on éprouve d'hésitation , combien on se sent troublé par le doute et par la crainte ! En vain la raison nous fait entendre son autorité sacrée , en vain l'étude nous met devant les yeux le miroir de la vérité: nos souvenirs sont les plus forts , nous fermons les yeux , nous repoussons la lumière. — Nos pères ont pensé comme cela, nous voulons penser comme eux. L'orgueil de caste, ce triste sentiment qui a fait tant de mal au monde , nous tient sous son inflexible dépendance ; il est là sans cesse près de nous pour obscurcir les plus simples notions du juste et de l'injuste.

Et c'est ainsi que les abus se perpétuent, que les erreurs passent comme un héritage de générations en générations, traînant après elles le triste cortége de haine, de guerres, de violences qui l'accompagne ordinairement.

Je sais à quelles questions brûlantes et délicates je touche en parlant ainsi, je sais que je vais peut-être rencontrer ici-même ces susceptibilités dont je parlais tout à l'heure, ces divergences d'opinion, ces croyances diverses; mais je sais aussi, qu'ici, dans nos temples vénérables, on peut, on doit parler le langage de la vérité. A la porte de nos temples doivent expirer les passions humaines. Nous sommes ici dans une région juste et calme, habitée par des hommes cherchant de bonne foi le dernier mot du problème qui doit faire le bonheur de l'humanité ; ici, nous ne reconnaissons pas de préjugés de fortune ou de naissance ; ici, nous sommes tous frères ; ici, règne l'égalité la plus parfaite, image de celle que nous devons souhaiter pour tous les hommes; ici, nous pouvons parler avec confiance, car ce n'est ni la partialité, ni la passion, ni l'intérêt qui animent notre voix, mais le saint amour de nos semblables.

Et quand en regardant autour de nous nous voyons toutes les misères qui affligent ce pauvre monde ; quand nous entendons toutes les plaintes qui s'élèvent de la terre, c'est ici encore que nous devons exhaler notre douleur ; c'est à vos lumières, c'est à votre charité que nous devons confier nos observations.

Pour moi, mes FF.·., c'est ainsi que j'agis, cherchant, au milieu de vous, le bien avec bonne foi, et vous montrant ma pensée sans voile, vous parlant comme un ami parle à un ami, comme un frère parle à son frère.

Aussi, je n'hésite pas à déclarer que ma profonde

conviction, c'est que le seul et véritable remède à nos maux, nous ne le trouverons que dans une éducation plus libérale, plus uniforme et plus en harmonie avec les conquêtes de l'esprit humain.

Je crois que tous nos efforts doivent tendre à assurer le triomphe du principe moderne sur le principe discrédité et stérile du moyen-âge.

C'était là incontestablement la pensée de notre cher F∴ Houzeau, puisqu'il avait commencé par nous donner l'exemple.

Et nous devons sentir nos regrets redoubler quand nous pensons que dans la discussion qui s'ouvrira prochainement sur cette question capitale de l'enseignement, ce noble esprit aurait été d'un si grand secours à la bonne cause.

Mes FF∴, je vous demande pardon de m'étendre si longuement sur des digressions qui semblent en apparence étrangères au sujet qui nous occupe; elles s'y rattachent cependant par plus d'un point.

Ainsi, je le répète, mon intention n'est pas de faire l'histoire de la vie de Houzeau; le remarquable discours du F∴ O∴ adjoint de la Sincérité, n'a rien laissé à dire sur ce sujet. J'engage ceux de mes FF∴ qui ne l'ont pas lu à se le procurer.

Ce que j'ai principalement en vue, c'est de faire en quelque sorte l'étude psycologique du défunt, de faire ressortir le côté moral de son esprit, c'est de mettre en lumière, autant que mes souvenirs peuvent me servir, les pensées si généreuses qui coulaient naturellement de sa belle âme, comme d'une pure et intarissable fontaine; enfin c'est de m'inspirer de son propre esprit, et de l'appeler en quelque sorte lui-même à faire son oraison funèbre.

J'ai peu vu le F∴ Houzeau, mais toutes les fois que j'ai eu ce bonheur, c'était dans des occasions solennelles.

La première fois il présidait cette belle cérémonie du baptême des Louvetons, dans laquelle lui-même présenta son cher enfant au baptême M.·., c'est-à-dire à la protection et à l'amour de tous nos frères.

Hélas ! qui aurait pensé alors que le tendre néophyte aurait si vite besoin de la sollicitude fraternelle que son illustre père nous demandait pour lui. Vous vous rappelez encore ce beau jour, n'est-ce pas, mes FF.·., vous vous rappelez combien à cette occasion Houzeau fut tendre, éloquent, pathétique ! Comme ses paroles sortaient du cœur et allaient au cœur, comme ses larmes, ses accents paternels remuaient profondément l'âme. Quant à moi, j'étais un jeune Maç.·. alors, je visitais pour la première fois notre chère Sœur de la Sincérité, et j'avoue que cette cérémonie m'a attaché irrévocablement à la Maç.·. et m'a donné de cette institution la plus haute idée. Je me rappelle qu'à cette occasion je lui demandai la permission de lui témoigner mon admiration, en le remerciant de m'avoir donné à moi-même le baptême maç.·. et qu'il me dit une foule de bonnes et nobles paroles qui se sont gravées dans mon souvenir, et qui m'ont fait grand bien.

La seconde fois que j'ai eu le bonheur de le voir, c'était à Paris, lorsque nous fûmes envoyés en députation pour l'inauguration du temple destiné au G.·. O.·. Là, il était grand, sérieux, élevé. L'avenir de la Maç.·. le préoccupait vivement. La Maç.·., disait-il, ne doit plus se borner à un rôle purement passif, elle se compose d'éléments les plus actifs, les plus instruits de la société ; il faut qu'elle agisse puissamment, utilement sur cette même société ; il faut qu'elle marche à la tête des peuples le flambeau de la vérité à la main ; il faut qu'elle porte fièrement la bannière de la civilisation et qu'elle marche en avant, sous peine d'être dépassée et de tomber dans le discrédit. Enfin, mes FF.·., on peut dire à sa louange que dans cette grande réunion où, certes, les talents ne manquaient pas, sa voix fut la plus éloquente, la plus vraie, la mieux sentie, la plus appropriée aux besoins de la Maç.·.

Enfin, mes FF.·., la dernière fois que je le vis ce fut l'année passée à une Saint-Jean à Reims. Il s'était arraché à ses travaux parlementaires le lendemain d'un vote important, et il venait parmi nous remplir des devoirs non moins sérieux, non moins importants, et dont il s'acquittait avec cette conscience sévère qui le caractérisait.

Cette fois, mes FF.·., il me sembla remarquer un grand changement en lui, comme une transfiguration. Les orages de la politique grondaient sur son front large et méditatif; il était calme, recueilli, et on pouvait lire dans ses traits si expressifs, si mobiles, le noble travail de la pensée, travail opiniâtre et meurtrier qui a tué si rapidement sa riche organisation.

Plusieurs fois il prit la parole et il fut comme toujours d'une éloquence convaincue, passionnée, entraînante.

J'étais député de la loge d'Avize, j'eus occasion de dire quelques mots bien simples, bien faibles, mais qui contenaient sans doute quelques reflets de sa pensée, car il vint à moi, me serra cordialement la main et me dit : « Mon F.·., vous êtes un homme de cœur ! » Oh ! pardonnez-moi, mes FF.·., ces sentiments personnels ; mais je ne puis résister au plaisir de vous parler de cette chaude étreinte que je sens encore brûler sur ma main, de ces nobles paroles dont le seul souvenir me remue encore délicieusement ! Oh ! puissent mes paroles monter jusque dans le séjour des justes et porter à notre bien-aimé F.·. le témoignage de ma profonde gratitude. Si je vaux un peu c'est à lui que je le dois, car il a fait naître en moi la plus noble émulation : je me suis proposé ses vertus pour modèle.

Mes FF.·., la politique a joué un trop grand rôle dans la vie de Houzeau, pour que nous ne disions pas un mot de la ligne qu'il a suivie.

Houzeau appartenait à l'opposition, mais non à une opposition systématique et étroite, car plusieurs fois, dans le cours de sa trop brève carrière, nous l'avons vu soutenir les actes du gouvernement quand il les trouvait compatibles avec l'honneur et l'avantage de son pays ; mais on était sûr de provoquer chez lui une résistance éclairée et opiniâtre toutes les fois qu'on proposait une mesure qui n'avait pas ce caractère.

Il pensait que l'État ne peut pas plus vivre sans honneur que le particulier, et qu'un peuple avili est bientôt le jouet des nations voisines plus énergiques et plus jalouses de leurs droits.

Cependant il n'était pas l'ennemi de cette idée généreuse et toute moderne qui espère dans un avenir plus ou moins reculé, voir l'Europe réunie en une grande nation fédérale qui, laissant reposer le sabre exterminateur et ennemi de la civilisation, réglera ses différends au moyen d'une diète générale où tous les états enverront leurs députés. Cette pensée est trop maç∴ pour ne point avoir fait partie des convictions relatives de Houzeau.

Mais il pensait aussi que si cet avenir vraîment chrétien est possible et présumable, il est encore loin de nous, et qu'avant sa réalisation, il nous faut maintenir avec énergie nos droits, notre honneur, et ce bel héritage de 14 siècles d'une histoire souvent glorieuse que nous ont léguée nos ancêtres : traditions de valeur, de loyauté chevaleresque que nous devons continuer sous peine de baisser dans l'estime des peuples qui ont les yeux tournés vers la France, comme les mages d'orient vers l'étoile lumineuse qui devait les conduire à la crèche où était né le Messie.

Et combien son âme était patriote dans la plus belle acception du mot ; combien il était jaloux de la grandeur de sa nation !

Ah ! dans ces tems de tiédeur et de lassitude, quand nous voyons la corruption et l'intrigue marcher effrontément la tête haute ; quand nous n'osons plus parler qu'en rougissant de l'ancienne grandeur de notre pays, on se sent rafraîchi et ranimé par la vue de ces belles organisations qui savent allier l'amour de la patrie et des choses élevées à la conservation bien entendue des intérêts matériels. Ce sont de nobles protestations qui disent à nos cœurs découragés que la sève patriotique n'est point éteinte, qu'elle est seulement engourdie par la glaciale atmosphère dans laquelle nous vivons, et qu'elle se ranimera à la tiède haleine du printems, aux chauds rayons du soleil de l'été!

Mes FF.·., je n'abuserai pas plus longtems de votre attention, non que j'aie épuisé mon sujet, mais parce que je crains de vous fatiguer.

J'avoue cependant que je le quitte à regret, j'aime à m'appesantir sur ces idées qui élèvent l'âme. Tout à l'heure, demain, nous allons reprendre le cours ordinaire de notre vie où l'égoïsme et l'intérêt dominent. Vivons, au moins, vivons ici de la vie de l'intelligence et de la pensée.

Chers FF.·. de la Sincérité, qui par votre bonne visite en ce jour nous avez fait tant de plaisir, vous êtes plus à même que moi de compléter cette esquisse psycologique que je n'ai fait qu'ébaucher. Vous surtout, vous F.·. DAVID et F.·. MALDAN qui avez vécu dans l'intimité de ce bon frère, vous pour qui étaient sans cesse ouverts les trésors de son cœur et de son esprit, parlez-nous de lui, parlez-nous en longtems.

Cet entretien nous sera toujours cher, de votre bouche surtout; car vous êtes les dignes successeurs de celui que nous pleurons. Vous êtes dignes d'essuyer les larmes de la Sincérité; et la Mac.·. sent diminuer ses regrets et sa douleur en voyant qu'il lui reste de tels hommes pour la consoler de ses pertes. »

Après cette oraison, qui est accueillie par les larmes de l'auditoire, l'émotion se continue par un morceau d'harmonie exécuté par le F.·. Obez, et dans cet

instant l'influence de la musique est vivement sentie
en jetant dans les âmes le sentiment de recueillement
qui doit animer les hommes en présence du néant
des choses humaines, et en élevant l'âme vers le
G∴ A∴ de l'Univ∴

La parole est donnée au F∴ Godinot, Or∴ adj∴,
qui prononce le discours suivant :

## MM∴ FF∴,

« Pleurons, pleurons, pleurons !

» Sans chercher à pénétrer les impénétrables secrets de
» la divine providence, courbons la tête, mes FF∴,
» humilions-nous devant les décrets du G∴ A∴ de l'Univ∴

» Il lui a plu d'enlever de ce monde le grand citoyen,
» le savant distingué, l'homme vertueux, le F∴ bien-
» aimé, le bon ami que nous pleurons aujourd'hui !

» Peut-être son étoile était trop pure pour notre siècle
» d'égoïsme et de mensonge, peut-être n'entrait-il pas
» dans les vues du très-haut qu'alliée à la force d'énergie
» dont il l'avait douée, elle brilla plus long-temps !

» Maintenant qu'elle est éteinte, maintenant qu'elle
» a pour toujours disparu de ce monde, humilions-nous,
» mes FF∴, courbons la tête devant la sainte et redoutable
» justice du G∴ A∴ ; pleurons, pleurons, pleurons !

» Mes FF∴,

» Nommer le F∴ Houzeau devrait suffire, car tout
» l'éloge d'un grand homme est renfermé dans son nom ;
» mais ici, dans cette enceinte, dans ce temple de vérité,
» ici où tout peut et doit se dire, permettez-moi de

» rappeler quelques-unes de ses vertus ; je sais bien que
» ma voix est trop faible pour les célébrer dignement,
» mais comme tous vous les avez connues, vous saurez
» suppléer à mon insuffisance.

» Né à Reims en juin 1801, Houzeau était un homme
» de notre siècle ; il en avait toutes les vertus, toute la
» magnanimité, toute l'intelligence, mais il n'en avait
» pas les défauts ; pareil à ce voyageur qui, en arrivant,
» secoue toute la poussière de la route, de même
» Houzeau avait secoué toutes les passions, toutes les
» faiblesses de notre siècle si positif, si étroit et si grand ;
» il les avait remplacées par les vertus antiques qui
» aujourd'hui encore font notre admiration, et vous
» savez tous, mes FF.·., comme il les pratiquait.

» Dans sa vie si courte et si bien remplie, il a soutenu
» des luttes de tous genres, lutte pour la science dont
» il était si avide, lutte pour la défense et les progrès
» de la cité qui l'avait vu naître : il la choyait comme
» une mère chérie ; lutte pour son pays qu'il voulait
» faire progresser dans une voie large d'améliorations ;
» lutte enfin pour sa patrie dont il était un des plus
» zélés, un des plus intelligents mandataires.

» De toutes ces luttes il est sorti victorieux, mais
» vous dire tous les déboires qu'il a eu à éprouver serait
» au-dessus de mes forces ; comme tous les grands hommes,
» il a été l'objet de l'envie qui toujours jalouse le vrai
» mérite, mais qui toujours est écrasée par un pouvoir
» supérieur au sien, tel le serpent use ses dents contre
» la lime qu'il essaie de ronger : maintenant qu'il n'est
» plus, je regretterais que cette ombre manquât à son
» tableau.

» Je ne vous parlerai pas, mes FF.·., de ses vertus
» domestiques, il faudrait plus que moi l'avoir connu
» dans sa vie privée, dans sa vie de tous les jours pour

» vous dire combien il a été bon fils, bon époux, bon
» père, bon parent ; seulement je vous dirai que parmi
» les vertus qu'il pratiquait si bien, il avait celle de ne
» pas oublier son origine : enfant du peuple, il était
» fier d'avoir rendu grand et populaire le nom qu'il
» portait.

» Devoir tout à son mérite, son nom, sa position, sa
» gloire, c'est là le plus beau, le seul vrai titre de
» noblesse ; il a su l'acquérir : espérons et formons des
» vœux pour que ses enfants conservent pur et intact
» l'héritage de leur père.

» Permettez-moi maintenant, mes FF.·., de vous dire
» quelques phases de cette vie si courte et si glorieuse.

» A l'âge de 15 ans, Houzeau entra comme élève dans
» une pharmacie de Paris ; là, il n'acquérait qu'une
» pratique routinière ; il lui fallait plus, la science avait
» des secrets qu'il éprouvait un ardent besoin de pénétrer ;
» il lui fallait pour cela suivre des cours dont les frais
» n'étaient pas en rapport avec les ressources que sa
» famille pouvait mettre à sa disposition ; il comprit
» qu'il ne devait pas la mettre à plus grande contribution,
» et que pour lui il y aurait plus de mérite en se suffisant
» à lui-même. Sachant qu'il ne pouvait les salir, il
» n'hésita pas à livrer ses nobles mains à un travail qui
» le mit à même de suivre des cours où il puisa, où
» il dévora la science.

» Le ciel fut juste, il récompensa ses efforts ; il obtint
» un prix glorieux à l'école de pharmacie et fut nommé
» interne dans un des hôpitaux de Paris. Là, il tortura
» la science pour lui arracher ses secrets. Pénétré des
» idées que lui avaient laissées les leçons des chimistes
» Darcet et Clément-Desormes, sur la décomposition
» des eaux savonneuses, il lui tarda de les mettre en
» pratique, il fit plusieurs essais qui lui réussirent. Sûr

» du succès, il opéra sur une plus grande échelle ; c'est
» alors qu'il a doté la science d'une découverte qu'elle
» avait soupçonnée, mais qu'elle n'avait pas faite, qu'il
» a doté sa ville natale de l'éclairage au gaz qu'elle
» n'aurait eu que long-temps plus tard, qu'il l'a débar-
» rassée, en les utilisant, de toutes les eaux savonneuses
» qui infectaient et encombraient les rues.

» C'est là, mes FF∴, l'origine, la source de sa fortune,
» le résultat fut la récompense matérielle de ses laborieux
» travaux ; mais il attachait beaucoup plus de prix à
» celle morale qu'elle amena en le posant comme un
» homme hors ligne, un homme à haute et grande
» intelligence.

» Son but principal était de travailler pour la science ;
» aussi, plein de cette pensée que la masse immense de
» calorique qui s'échappe des hauts fourneaux était en
» pure perte, il tenta de l'utiliser et parvint à découvrir
» qu'on pouvait en tirer parti : sa méthode est maintenant
» employée avec grand succès dans plusieurs forges des
» départements du Nord et des Ardennes, en Russie,
» en Suède et en Hollande.

» Là ne s'arrêtèrent pas ses travaux ; il suffit de
» pénétrer dans l'intérieur de son cabinet pour voir
» combien cet homme aussi savant que modeste, a intel-
» ligemment pratiqué la sainte loi du travail ; mais il
» faudrait des connaissances plus étendues, plus appro-
» fondies que les miennes pour vous dire tout ce qu'il
» a fait et surtout tout ce qu'il aurait pu faire ; cependant
» je ne puis quitter ce chapitre sans ouvrir le bulletin des
» lois et dire tout ce que ce recueil officiel contient
» d'honorable pour Houzeau.

» Aux titres de brevets d'invention et découvertes
» dans la période de 10 ans, depuis le premier janvier
» 1833 jusqu'au 31 décembre 1843, Houzeau a obtenu
» 15 ordonnances royales portant ou concession de brevets

» d'invention et de perfectionnement, ou prolongation
» de brevets déjà accordés ; tous ces brevets ont trait à
» des découvertes sérieuses et dont la science et l'industrie
» ont tiré ou sont appelées à tirer un parti immense.
» Ainsi les uns sont relatifs au gaz portatif et aux appareils
» pour sa conservation et sa consommation, les autres
» à un système de carbonisation appliqué au traitement
» des minerais et autres, à l'affinage et à la fusion des
» métaux ; d'autres à un procédé propre à faire des tubes
» métalliques applicables à l'artillerie, aux armes à feu
» et à l'industrie ; d'autres enfin à un procédé nouveau
» de fabrication de verre, cristaux et substances cuites
» et vitrifiées, et particulièrement du verre à bouteilles
» et à un moyen d'en essayer la résistance.

» Parmi les ordonnances royales qu'il a obtenues, il
» en est une dont les motifs sont trop honorables pour
» Houzeau pour que je ne les rapporte pas textuellement ;
» cette ordonnance est datée du 8 mars 1835, elle a été
» rendue, appuyée des motifs suivants : »

« Considérant que HOUZEAU-MUIRON, par l'appli-
» cation de sa découverte à la ville de Reims, où
» l'éclairage par le gaz portatif est généralement
» adopté, y a rendu un signalé service, en faisant
» l'emploi des eaux grasses jusqu'alors perdues et
» dont on retire aujourd'hui un produit annuel de
» soixante mille francs ;

» Considérant que le système de Houzeau-Muiron
» paraît encore susceptible d'amélioration, mais que
» pour les obtenir il faut tenter de nouvelles expé-
» riences, entreprendre de nouveaux essais, et que
» les succès déjà obtenus par lui doivent faire
» supposer qu'il est, plus que personne, en position
» de réussir à dégager de tout inconvénient l'éclairage
» pour le gaz portatif, etc. »

« En présence de faits de cette nature et qui tous sont
» le résultat d'une profonde et intelligente méditation ,
» que puis-je dire, mes FF∴, sinon que la mort de
» Houzeau est pour l'industrie et pour le pays une perte
» dont ils ne se relèveront que difficilement et après bien
» long-temps.

» En récompense de ses nobles efforts, de ses précieuses
» découvertes, l'académie des sciences de Paris lui décerna
» publiquement une couronne qui , à ses yeux , avait un
» prix infini.

» Peu de temps après , ses concitoyens, voulant une
» récompense pour les services qu'il avait rendus à la
» science et à sa ville natale, la sollicitèrent par l'organe
» de leur premier magistrat, et l'étoile de l'honneur
» brilla sur sa noble poitrine : jamais récompense n'a
» été plus justement accordée ni plus dignement portée.

» De semblables succès devaient entraîner pour Houzeau
» d'autres conséquences ; la cité, l'industrie, le pays, fiers
» d'un homme qui leur faisait autant d'honneur, récla-
» mèrent son concours. On savait Houzeau doué d'un
» esprit droit, intelligent et sûr, on lui savait une fermeté
» de caractère, une force d'énergie, un si grand amour
» du bien public, qu'on fit des efforts pour l'arracher
» aux nouveaux secrets qu'il voulait dérober à la science ;
» lui toujours modeste, content de sa position, voulait
» rester lui-même ; il ne consentit que difficilement,
» qu'avec répugnance, à entrer dans une arène qui devait
» enlever beaucoup de temps à ses chères études ; mais
» il avait trop la conscience de tous les devoirs d'un bon
» citoyen, pour ne pas savoir qu'il n'est permis à personne
» de ne pas répondre à l'appel du pays, — il céda !

» En 1833 il fut nommé membre du conseil municipal
» de la ville de Reims ; il fut deux fois réélu par les
» suffrages presqu'unanimes de sa section dont les électeurs

» se rendirent par là les interprètes de l'opinion générale.

» Peu de temps après il fut appelé au conseil d'arron-
» dissement, plus tard, en 1840, il fut élu membre du
» conseil général du département.

» Déjà il avait été appelé à occuper à la chambre du
» commerce la place que ses connaissances avaient si
» bien marquée.

» Homme de travail, de progrès et de savoir, il apporta
» dans ces assemblées ses connaissances si étendues, son
» esprit d'ordre, ses vues si larges d'amélioration et de
» moralisation : bientôt il y fut l'homme qui conçoit,
» médite et exécute. Partout sur son passage il a laissé
» une ligne brillante qui, à son décès, s'est réunie pour
» lui former une auréole de gloire, de sympathie et de
» reconnaissance !

» Le mérite de Houzeau était tellement appréciable,
» que lui, né dans une classe appelée prolétaire, lui qui
» n'avait jamais rien demandé, rien désiré, lui dont tant
» de monde jalousait le mérite et la position qu'il s'était
» faite, a été revêtu du plus insigne honneur que dans
» notre siècle et avec nos mœurs un homme puisse obtenir,
» celui de représenter ses concitoyens à la chambre des
» députés.

» En 1838, le 2ᵉ collége électoral de Reims, le collége
» extrà-muros, l'envoya à la chambre ; ainsi non seule-
» ment dans la cité, mais encore hors de ses murs, il
» était connu et apprécié ; il reçut le mandat de député
» de la main d'électeurs qui avaient avec lui le moins
» de rapports, le moins de fréquentation ; c'est donc
» sur la foi d'un mérite qu'il connaissait à peine qu'un
» nombreux collége lui remit un mandat tout de confiance.
» La manière dont il s'en acquitta le fit grandir dans
» l'opinion de tous, et je sais tels électeurs qui, d'adver-
» saires déclarés qu'ils étaient, sont devenus ses fervents

» partisans : cela s'explique à sa louange. En effet, ceux
» qui n'avaient pas d'abord été à même de connaître,
» d'apprécier son mérite, ont bien fait de ne pas lui
» remettre au hazard un mandat aussi important, mais
» plus tard quand ils ont su quel il était, ils ont agi
» conséquemment en lui donnant toute leur confiance.

» En 1842 les deux colléges électoraux de Reims se
» disputèrent Houzeau ; il eût été infailliblement nommé
» dans les deux si une fausse susceptibilité, je dirai même
» une presque rivalité, n'eût fait craindre à quelques
» électeurs qui ne connaissaient pas intimement son
» caractère de franchise et de loyauté, qu'il ne donnât
» toujours et quand même, ses sympathies et son concours
» à la ville de Reims, de préférence au collége qu'il
» représentait.

» Je ne vous dirai pas, mes FF∴, ce que fut Houzeau
» à la chambre, la France entière le sait, et d'ailleurs,
» pour le dire, il faudrait mettre le pied sur un terrain,
» entrer dans une dissertation qui sont interdits dans cette
» enceinte, je me bornerai à vous dire que Houzeau
» avait été vite et grandement apprécié. Là, comme partout,
» on avait vu l'homme à haute et grande intelligence,
» l'homme à conceptions, à idées grandes et généreuses,
» à pensées fortes et sûres, à intentions loyales et pures,
» l'homme de concours, d'action, de travail ; on savait
» que rien ne le ferait reculer devant l'accomplissement
» de son devoir, qu'aucune difficulté ne résisterait à la
» persistance de ses recherches ; on savait qu'il voulait
» la France grande, intellectuelle, la France heureuse
» et prospère ; on savait qu'il voulait obtenir ce résultat
» par la moralisation et l'instruction des masses, par la
» juste et intelligente distribution d'un travail équitable-
» ment rétribué ; on savait tout cela ; — aussi Houzeau
» avait de suite été placé parmi ces hommes dont u

» pays est fier, parce que sans cesse ils travaillent a
» bien de tous, sans s'inquiéter d'eux-mêmes.

» Houzeau a saintement et dignement rempli tous les
» mandats qui lui ont été confiés ; il a poussé trop loin
» peut-être le zèle qui l'animait pour l'accomplissement
» de son devoir, puisque les veilles et le travail qu'ils
» lui ont donnés ont épuisé les forces d'une santé chan-
» celante et l'ont fait mourir à la tâche ; honneur donc
» à lui d'avoir compris qu'un citoyen n'est grand que
» par l'abnégation de lui-même, par son dévouement,
» par son sacrifice ; malheur à nous d'avoir perdu si
» jeune un homme dont l'avenir était si brillant, un
» homme qui était l'espérance du pays tout entier.

» Mes FF.·., vous parlerai-je de sa vie maç.·.? Après
» les paroles si simples, si vraies et si belles que le digne
» vénér.·. de la loge de la Sincérité a prononcées sur
» la fosse de notre illustre ami, que reste-t-il à dire ?
» je ne pourrais qu'affaiblir, en le répétant, tout ce qu'a
» dit notre C.·. F.·. Maldan ; aussi je me bornerai à vous
» dire ce que vous savez aussi bien que moi : Houzeau
» avait compris toutes les vertus maç.·., il les pratiquait
» avec le zèle qu'il mettait à tout ce qu'il faisait ; il avait
» bonheur à venir se réunir à nous, il nous considérait
» comme sa seconde famille, nous étions tous ses amis,
» ses frères ; il se reposait au milieu de nous des travaux
» et des cruels dégoûts que parfois il a éprouvés dans la
» vie profane ; il était heureux avec nous, il y respirait
» plus à l'aise, notre amitié lui faisait oublier bien des
» peines amères ; quand il pouvait nous presser sur son
» cœur, sa poitrine se distendait avec délices.

» Lui, si grand, si profond, si méditateur, déclinait
» toujours l'honneur des inspirations qu'il nous donnait ;
» c'était, disait-il, à nous qu'il les devait ; il n'était
» que notre interprète, que le moyen de les mettre au

» jour ; il ne souffrait pas qu'on lui parlât de ses succès,
» il nous en rapportait toute la gloire : ainsi à un profond
» mérite il joignait une profonde modestie.

» Parlerai-je de sa bienfaisance, de cette autre vertu
» si simple et si belle qui se résume dans ce précepte :
» Aide-toi, le ciel t'aidera ! Il me faudrait des pages
» pour citer tous les traits émanés de lui, encore reste-
» raient-elles au-dessous du témoignage qui s'est manifesté
» à ses obsèques ; tout un peuple en deuil a voulu lui
» faire cortége jusqu'au champ du repos, la stupeur était
» peinte sur toutes les figures, le deuil était dans tous
» les cœurs ; c'est que tous faisaient en lui une perte
» qu'ils savaient ne pouvoir réparer ; le pauvre et l'ouvrier
» pleuraient leur père, leur soutien ; le riche et le puissant
» pleuraient l'ami, l'homme de bien qu'ils avaient aimé,
» tous enfin pleuraient le grand citoyen, le savant distingué
» dont à bon droit la cité s'enorgueillissait.

» Pourquoi faut-il qu'une vie aussi précieuse, aussi
» bien remplie, ait été sitôt tranchée ! La mort de Houzeau
» est une calamité publique, et ce qui seulement peut
» atténuer notre douleur, c'est l'espoir que sa vie sera
» un enseignement profitable à tous ; espérons que le bel
» exemple qu'il a donné à ses concitoyens trouvera des
» imitateurs, et comme lui ils s'efforceront, par une
» vie pure, un travail incessant et un grand amour du
» bien public, de se rendre utiles à leur pays : ce sera
» la meilleure manière d'honorer sa mémoire.

» Mes FF.·., c'est à nous qu'il a légué la continuation
» de son œuvre, faisons tous nos efforts, travaillons sans
» relâche à l'imiter !

» Ville de 'Reims, à toi l'honneur de tes enfants ! à
» nous tous, à la France entière leur gloire ! L'histoire
» se chargera de transmettre à la postérité les noms de

» Colbert, de Drouet d'Erlon et de Houzeau : tous trois
» ont su résumer l'esprit de leur siècle.

» Dans un temps qui n'est plus de nos mœurs, Colbert,
» ministre d'un grand roi, a pesé de tout son génie dans
» la balance de l'Europe.

» Soldat d'une époque de gloire à jamais mémorable,
» lieutenant du plus grand capitaine du monde, le
» maréchal Drouet d'Erlon a attaché son nom à plus
» d'une victoire, plus d'un haut fait d'armes de l'Empire.

» Houzeau, lui dans une sphère plus modeste, mais
» non moins utile, avait personnifié l'esprit de son époque;
» enfant d'un siècle de progrès et de civilisation, homme
» à hautes et graves pensées, il voulait l'affranchissement
» des peuples, mais il le voulait par le travail, par la
» moralisation.

» Gloire donc à jamais à eux et que leurs noms soient
» grands toujours et pour tous !

» Mais hélas ! de ces trois grands hommes que nous
» reste-t-il ? rien, la tombe, le néant, la gloire, le
» souvenir ! Ainsi tout passe dans ce monde périssable,
» les générations se succèdent, et à peine ont-elles mémoire
» des grands hommes qui ont illustré un siècle qu'elles
» ont laissé derrière elle : *Sic transit gloria mundi !*

» Houzeau ! adieu cher et regretté F∴ ! adieu ! adieu
» pour toujours ! mais avant de nous séparer qu'il me
» soit permis de t'élever dans ce temple une statue digne
» de toi.

» Sur ton piédestal je graverai : A Houzeau le pays
» reconnaissant !

» Je mettrai sur ta tête une couronne civique, je la
» surmonterai d'une couronne de martyr mort épuisé par
» la lutte qu'il a soutenue pour l'accomplissement de ses
» devoirs !

» Dans tes mains je placerai tes œuvres !

» J'écrirai sur ton noble cœur : « Abnégation, Dévoue-
» ment. » Sur ton front : « Savoir, Intelligence. »

» Je placerai sous tes pieds l'envie et le faux mérite
» pour que tu continues de les écraser.

» Adieu, cher et bien-aimé F.·., maintenant que tu as
» pris auprès du G.·. A.·. de l'Univ.·. la place réservée
» à tes vertus, implore-le de nous illuminer de quelques
» rayons de ta belle âme ! Prie-le de bénir nos travaux
» et de nous prêter sa main secourable !

» Adieu, cher et bon F.·., dors en paix dans le champ
» du repos !

» Que le G.·. A.·. te conserve en sa sainte et digne
» garde !

» Paix à tes cendres !

» Regret à toi !

» Honneur, trois fois honneur à ta mémoire ! »

La péroraison du F.·. Godinot a vivement impres-
sionné tous les FF.·., et ce n'est qu'après quelques
moments de recueillement, que la seconde batterie
de deuil peut être tirée.

Le F.·. Maldan, visiblement ému, remercie l'at.·.
de l'hommage qu'il rend au bien-aimé F.·. Houzeau
en des termes nobles et élevés ; nous regrettons
vivement de ne pouvoir les reproduire.

Le F.·. David, dans une improvisation que nous

ne pouvons également retracer, rappelle les faits de la vie intime de Houzeau, faits qui font comprendre encore bien plus grandement la perte immense que nous déplorons. Le F∴ David arrivant à parler des sollicitations faites près du F∴ Houzeau pour l'arracher à sa vie de labeur qui le conduisait inévitablement à une mort prématurée, dit que Houzeau sentait lui-même que le sacrifice de sa vie était encore un exemple dans un temps d'égoïsme et d'indifférence et que le devoir n'avait de limites que la tombe. C'est par de tels exemples que l'on arrive à féconder les germes du sentiment de solidarité que le G∴ A∴ de l'Univ∴ a déposés dans le cœur de l'homme.

Le vénér∴ prévient l'at∴ que dans une pareille cérémonie, le rituel doit être abandonné, que le cœur seul doit présider aux hommages à rendre. En conséquence il prie tous les FF∴ de se rendre près du cénotaphe, et là, au nom des vrais *Amis de l'Ordre*, il décerne à Houzeau la couronne d'Immortelles qu'il a si justement méritée.

Cette couronne est remise ensuite aux mains des FF∴ Maldan et David pour être déposée sur la tombe du F∴ Houzeau.

Le vénér∴, avant de former la chaîne d'union, prononce le serment suivant :

*« Houzeau, sur ce cénotaphe élevé en ton honneur,*
*» nous jurons de maintenir les liens d'indissolubilité*
*» qui doivent unir tous les maçons, et promettons de*

» *suivre ton exemple en pratiquant invariablement les*
» *dogmes de notre religion maçonnique :* Fraternité,
» Egalité , Charité. »

La chaîne d'union est formée et le vénér∴ fait circuler , par le F∴ hosp∴, le tronc des infortunées, qui rapporte une méd∴ de 55 fr. 15 c. Ainsi la bienfaisance devait terminer cette imposante cérémonie qui, comme le rappelle le mot d'ordre donné par le vénér∴, laissera parmi nous un impérissable souvenir.

*Pour extrait conforme :*
LE VÉNÉR∴,
**LECUREUX, R∴ †∴**

LE PREMIER SURV∴,           LE DEUXIÈME SURV∴,
Cés.-Aug. **SOULÈS, M∴**           **OUDIN, M∴**

*Vu par nous ,*
**E. RAUX, M∴ Or∴**
**GODINOT, R∴ †∴, Or∴ adj∴**

L'ARCHIV∴ G∴ DES SC∴,           *Par Mand∴ de la R∴ L∴ :*
**H. OBEZ , M∴**           LE SECRÉT∴,
**H. BRAMBACH.**

Epernay , Imp. de madame FIÉVET et fils aîné.